Gustave Pla

Les Contemplations
de Victor Hugo

Le savoir
en poche

ISBN : 978-1547030224

10 9 8 7 6 5 4 3 2 1

Gustave Planche

Les Contemplations
de Victor Hugo

Le savoir
en poche

Table de Matières

Les Contemplations de Victor Hugo

Avant de parler des *Contemplations*, je veux essayer de caractériser le développement lyrique de M. Victor Hugo de 1822 à 1840. Je laisse de côté ses romans et ses drames, qui reproduisent fidèlement ses tentatives dans la poésie pure, mais qui n'offrent peut-être pas le même intérêt au point de vue intellectuel, et qui d'ailleurs compliqueraient la question. En voyant ce qu'il a fait, ce qu'il a voulu, depuis l'âge de vingt ans jusqu'à l'âge de trente-huit ans, le lecteur comprendra plus facilement comment il est arrivé au style, au ton, à la manière des *Contemplations*. Ceux qui aiment à créer des analogies entre les hommes célèbres se plaisent à dire que *les Contemplations* marquent dans la vie du poète une troisième manière. Je pense qu'ils se trompent, et j'espère le démontrer en rappelant sommairement les efforts et les œuvres de cette puissante intelligence entre l'adolescence et la virilité. Ce retour sur le passé n'est pas un passe-temps, mais une nécessité.

Que voulait M. Victor Hugo en 1822 ? Ceux qui ont étudié attentivement ses premiers essais lyriques ne conservent aucun doute à cet égard. Il ne songeait pas encore à changer le fond de la poésie, à introduire dans l'ode, dans la ballade, dans l'élégie, des idées nouvelles, des sentiments nouveaux. Son ambition était plus modeste. Il ne visait pas plus haut que la réforme du style, et dans cette réforme il comprenait le rythme et la rime. Il est vrai que le style une fois changé devait entraîner le remaniement des idées et des sentiments, que le mélange d'une langue choisie et d'une langue familière appelait des odes, des ballades, des élégies d'un genre nouveau, que notre ancienne littérature n'avait ni pressenties ni souhaitées ; mais, soit que le poète eût divisé sa tâche en deux parts, soit que sa jeunesse ne lui permit pas de mesurer la portée de ses premières tentatives, les *Odes et Ballades*, publiées de 1822 à 1826, ne laissent pas deviner toute la pensée qu'il a tenté plus tard de réaliser. Le rythme et la rime, la mobilité de la césure, l'enjambement, l'usage du mot propre et au besoin du mot trivial substitués à la périphrase, le préoccupaient plus vivement que le renouvellement de la poésie prise en elle-même, envisagée dans sa substance intime. Il y a pourtant dans ce premier recueil, qui a paru d'abord en trois parties, et qui embrasse un espace de huit années, si l'on tient compte de la date des premières pièces, des pages naïves qui pouvaient passer à cette époque pour une véritable nouveauté. Ce n'est pas à ces pages que s'attachait la jeunesse de la restauration. Ce n'est pas au rêveur de Chérizy et de Montfort-l'Amaury qu'elle tressait des couronnes. Le rythme et la rime avaient alors plus d'importance que la pensée, que l'émotion. L'arrangement des mots, la construction des strophes, étaient mis au premier rang ; Belleau et Ronsard passaient à l'état de demi-dieux. Le cœur et l'intelligence ne venaient qu'après l'art de bien dire ; le côté musical de la poésie était cultivé avec tant d'ardeur, que le côté moral était presque oublié. Je n'invente rien, je raconte mes souvenirs, et tous ceux dont la mémoire est fidèle rendront justice à la manière dont je caractérise les premières tentatives lyriques de M. Victor Hugo. À cette époque, il ne faut pas l'oublier, la ciselure était le dernier mot, le terme suprême de l'art littéraire ; le choix et la combinaison des images étaient le rêve de tous les jeunes esprits qui se mêlaient de poésie. Je n'ai pas à discuter ici les mérites d'un tel système ; je me borne à indiquer les éléments dont il se composait. *Les Orientales* en sont la dernière, la plus parfaite expression.

L'auteur avait alors vingt-sept ans. Admiré, applaudi, adoré par les uns comme le régénérateur de la poésie lyrique, attaqué par les autres avec acharnement, maudit et redouté comme un nouvel Attila, il n'avait rien à souhaiter. La gloire lui souriait, sa popularité croissait de jour en jour, ses moindres paroles étaient recueillies comme des prophéties. Aujourd'hui que nous sommes séparés des *Orientales* par un intervalle de vingt-sept ans, nous avons quelque peine à comprendre l'enthousiasme qu'elles ont excité. Tout en reconnaissant que l'auteur a fait preuve d'une habileté singulière, nous nous demandons ce qui pouvait émouvoir, ce qui pouvait charmer, ce qui pouvait susciter des pensées nouvelles, ou trouver un écho dans les intelligences. L'habileté en effet ne dépasse pas le maniement du langage. C'est une poésie d'un genre inattendu, qui s'adresse à l'oreille, qui éblouit les yeux ; c'est une lutte animée, persévérante, avec la peinture, avec la musique, et ce n'est rien de plus. Si l'on veut savoir ce que signifie la première manière de M. Victor Hugo, il faut l'étudier dans les *Orientales*. Les tendances de son esprit, de seize à vingt-sept ans, y sont pleinement révélées : il s'attache à la forme, et met l'enveloppe de la pensée au-dessus de la pensée même. Qu'on l'approuve ou qu'on le blâme, cette prédilection, on ne peut la contester, Voilà donc un homme parvenu à vingt-sept ans, dont l'ambition, estimée avec impartialité, s'est renfermée dans le domaine du rythme et de la rime. L'éclat de ses triomphes n'abuse pas ses amis, dont les yeux commencent à se dessiller. Sans prêter à leurs conseils une oreille docile, sans accepter les objections qui lui sont soumises avec déférence, il sent le besoin de se révéler sous un aspect nouveau. De quel côté se tourner pour mettre à profit son habileté ? Maître souverain de la forme, comment va-t-il l'appliquer ? Étranger aux travaux de la philosophie, ne connaissant l'histoire que pour l'avoir feuilletée, il s'adresse à la famille, et trouve dans cette donnée austère et sainte, pleine de joies et d'angoisses, l'occasion de rajeunir son talent, d'émouvoir et de charmer la foule, d'enchanter tous les cœurs délicats, de contenter les intelligences les plus sévères après les avoir étonnées : il publie *les Feuilles d'Automne*, Pour moi, ce recueil domine de bien haut *les Orientales*, car j'y trouve l'habileté de la ciselure, dont je ne fais pas grand état quand je n'aperçois rien de plus, unie à la connaissance familière des sentiments les plus intimes, les plus sacrés. Il y a sans doute plus d'une page trop verbeuse, qu'on verrait avec joie abrégée, simplifiée. À tout prendre cependant, c'est une œuvre substantielle, si on la compare aux *Orientales* aux *Odes et Ballades*. Plus d'une fois l'importance du rythme et de la rime s'efface devant l'importance de la pensée. C'est un monde nouveau, où les mots obéissent au lieu de commander, monde de rêveries, de souvenirs, d'espérances, de regrets, un livre qui rappelle la belle parole de Térence : Je suis homme, et rien d'humain ne m'est étranger. Les poètes l'ont trop souvent oubliée, M. Victor Hugo s'en est heureusement souvenu en écrivant *les Feuilles d'Automne*.

L'auteur avait alors trente ans. Il signalait sa virilité par une œuvre qui se détachait nettement de ses premiers essais. Initié par une étude assidue à toutes les évolutions, à tous les stratagèmes du langage, il exprimait simplement des pensées vraies, des sentiments que chacun retrouvait dans son cœur. *Les Feuilles d'Automne* marquent l'origine de sa seconde manière, comme *les Orientales* la fin de la première. *Les Voix intérieures, les Chants du crépuscule, les Rayons et les Ombres*, qui ne peuvent se comparer aux *Feuilles d'Automne*, ont la prétention d'embrasser un plus vaste horizon. Pourquoi ces trois derniers recueils ont-ils obtenu moins de succès que *les Feuilles d'Automne* ? La réponse est facile. C'est qu'au lieu de se renfermer dans le domaine de la famille, qu'il connaît à merveille, l'auteur aborde imprudemment tous les problèmes et les résout avec des images, au lieu de les étudier avec les lumières de la raison. Ses disciples ont dit : L'inspiration dispense de l'étude. Le public n'a pas été de cet avis. S'il y a dans *les Chants du crépuscule*, dans *les Voix intérieures*, dans *les Rayons et les Ombres* des pièces d'un mérite réel, que personne ne saurait contester ; il y a bien des pages dont l'intelligence la plus attentive ne réussit pas à pénétrer le sens. Le poète se hasarde sur un terrain qui ne lui est pas familier, et plus d'une fois la fortune punit son audace au lieu de la récompenser : il agite sans trembler les questions les plus obscures, et croit transformer les ténèbres en splendeur à l'aide de comparaisons étranges, innombrables. Plus d'une strophe semble un défi jeté à la sagacité du lecteur. Pour justifier ce que j'avance, il me suffira de rappeler une composition que je n'ai jamais réussi à déchiffrer, et je l'avoue d'autant plus volontiers que je compte plusieurs compagnons d'infortune : je parle du *Puits de l'Inde*. Qu'il y ait dans les temples hypogées de cette contrée mystérieuse des secrets que l'érudition n'a pas encore dévoilés, je ne refuse pas de le croire ; mais dans les monuments de ce genre gravés en Angleterre, je n'ai rien vu qui se puisse comparer à la pièce que je viens de citer. Ce qui nous étonne, ce qui nous déroute dans *les Rayons et les Ombres*, et déjà même dans les deux recueils précédons, se trouvait en germe dans *les Feuilles d'Automne* ? Je n'oserais pas le nier, car dans ce livre d'ailleurs si digne de sympathie, si justement admiré, l'auteur laisse parfois échapper des pensées qui ne présentent pas un sens bien net ; mais comme il s'applique presque toujours à célébrer les joies de la famille, le lecteur oublie volontiers les pages brumeuses pour les pages radieuses et sereines. Ce qui était l'exception dans *les Feuilles d'Automne* a pris une importance croissante à mesure que l'auteur avançait dans la vie. Plus fréquentes dans *les Voix intérieures*, dans *les Chants du crépuscule* les pensées obscures sont devenues une habitude dans *les Rayons et les Ombres*. À proprement parler, ces trois derniers recueils servent à marquer la dégénérescence de la seconde manière. De 1818 à 1829, M. Victor Hugo néglige l'idée pour le mot. En 1832, il ne sépare plus le mot de l'idée. Dans les huit années qui suivent, il aborde sans hésiter les plus redoutables problèmes, et s'attribue le privilège de chasser les ténèbres par la seule force de sa parole. Déçu maintes fois dans son espérance, il n'abandonne pas la tâche qu'il s'est donnée. Nous le connaissons, maintenant nous pouvons parler des *Contemplations*.

Il y a dans *les Contemplations* trois parties très distinctes qui veulent être examinées séparément, une partie polémique, une partie philosophique, une partie qui relève exclusivement de la tendresse paternelle. Si l'on essayait de juger le tout ensemble, on s'exposerait au reproche d'injustice, car ces trois parties sont de valeur très diverse. Il vaut mieux les aborder séparément. De cette façon, nous serons sévère pour ce qui mérite la sévérité, indulgent pour ce qui appelle l'indulgence et le sourire, et nous pourrons louer tout à notre aise ce qui est digne d'éloge.

Je regrette sincèrement que M. Victor Hugo n'ait pas laissé à ses lieutenants, car il en a plusieurs, le soin de défendre et de justifier ses théories littéraires et les métamorphoses de sa foi politique. Un chef d'école ne doit pas descendre à ces menus détails ; cette besogne appartient de droit aux disciples qu'il admet à l'honneur de ses confidences. Il choisit sa voie, il marche d'un pas résolu vers le but qu'il a rêvé, et personne ne l'oblige à répéter en vers ce qu'il a déjà dit en prose à mesure qu'il produisait une œuvre nouvelle à l'appui de ses théories. Sa pensée, déjà connue, ne gagne rien à se montrer sous cette forme nouvelle. Chacun sait ce qu'il veut, ce qu'il a tenté ; à quoi bon redire ce qui est gravé dans toutes les mémoires ? Si les œuvres n'ont pas répondu aux promesses, une affirmation rédigée en alexandrins n'aura pas plus d'autorité qu'une préface en prose. C'est un luxe inutile, sans profit pour l'auteur, sans profit pour le public, et pourtant nous sommes forcé de discuter cette partie polémique, ces retours vers le passé qui n'auraient pas dû figurer dans *les Contemplations*.

La *Réponse à un acte d'accusation, Quelques mots à un autre*, ne sont, à parler franchement, qu'un souvenir de la préface de *Cromwell*. C'est la même ardeur pour la liberté, les mêmes railleries contre les unités aristotéliques ; la question n'a pas fait un pas. Boileau signifie l'impuissance, Shakspeare signifie le génie. Rien de nouveau, rien d'inattendu. Aujourd'hui comme en 1827, bien des gens qui ne passent ni pour sots, ni pour illettrés, se permettent d'admirer tout à la fois le goût de Boileau et le génie de Shakspeare. L'auteur de *Cromwell* et des *Contemplations* ne croit pas que ces deux admirations puissent se concilier. Il pense que, pour écouter les conseils du poète français, il faut nécessairement maudire et bafouer les œuvres du poète anglais. À mon avis, il se trompe, et je ne songerais pas à lui reprocher son erreur, si, en remaniant ses théories pour les défendre, il n'invoquait des arguments singuliers aux yeux même de ceux qui n'admirent pas Boileau. Il préfère Molière à Racine *effaré*. Comme l'épithète donnée à Racine ne se trouve pas à la fin du vers, elle ne peut s'abriter derrière la rime. Que signifie l'effarement de Racine ? Si jamais poète est demeuré toute sa vie étranger à ce genre d'émotion, c'est à coup sûr l'auteur de *Britannicus* et d'*Athalie*. Qu'il occupe dans notre littérature un rang moins élevé, moins glorieux que l'auteur du *Misanthrope* et des *Femmes savantes*, je le crois volontiers ; mais je ne comprends pas pourquoi les admirateurs de Molière le traiteraient d'*effaré*. C'est un caprice qui ne peut se justifier. Le disciple studieux de Lancelot, malgré sa tendresse pour la

Champmeslé, n'a jamais connu les violentes émotions. Les succès de Pradon l'ont affligé sans doute, mais personne ne l'a jamais vu effaré ni dans la joie, ni dans la douleur. D'ailleurs c'est la seule nouveauté que nous ayons à signaler dans la *Réponse à un acte d'accusation*, complétée par *Quelques mots à un autre*. Ces deux pièces, écrites tantôt sur le ton de la satire, tantôt sur le ton de l'épître, ne montrent pas la pensée de l'auteur sous un aspect inattendu. Le poète, plein de foi en lui-même, parle en 1856 de ses œuvres accomplies comme il parlait en 1827 de ses œuvres futures. Il *ouvre le drame à deux battants*, et oublie sans rancune la résistance qu'il a rencontrée C'est une faculté précieuse que je n'ai pas l'intention de railler, et qui est peut-être nécessaire aux chefs d'école. S'ils doutaient de l'excellence de leurs principes, la force leur manquerait pour marcher au but qu'ils se proposent. L'auteur des *Contemplations* croit en lui-même comme au premier jour. La lutte n'a pas ébranlé ses convictions. Il demeure aujourd'hui ce qu'il était il y a vingt-neuf ans, avant d'avoir abordé le théâtre, avant d'avoir soumis au jugement du parterre l'application des théories exposées dans ses préfaces. Qu'on approuve ou qu'on blâme cette application, on ne peut s'empêcher d'admirer la persistance du poète. Si l'on pense qu'il n'a pas trouvé la vérité, il faut du moins reconnaître qu'il a mis au service d'une cause douteuse une force que des causes meilleures ne rencontrent pas toujours. Il y a dans sa volonté une permanence, une immutabilité qui auraient assuré le triomphe de ses théories, si elles pouvaient se concilier avec la nature humaine. Le spectacle de la force, même de la force égarée, a quelque chose d'imposant, et l'auteur des *Contemplations* est dans ce genre un curieux sujet d'étude.

Après l'apologie littéraire, l'apologie politique. C'est un sujet sérieux, qui voudrait des paroles sérieuses, et que par malheur le poète a traité d'un ton badin. Parfois sa raillerie se laisse aller à des expressions qui manquent de délicatesse, et même d'urbanité. Le marquis de C, qui l'a tenu sur ses genoux, s'étonne de sa conversion, et l'enfant parvenu à la virilité plaide la cause de la clairvoyance contre l'aveuglement, du savoir contre l'ignorance, du mouvement contre l'immobilité. Il a cent fois raison, je ne songe pas à le nier, mais je voudrais qu'il eût raison en parlant autrement. La révolution de 89, attaquée ou défendue, ne se prête pas à la raillerie, et lorsque M. Victor Hugo plaisante, il manque souvent de mesure. Tant qu'il demeure dans l'ironie, il trouve des paroles qui rendent sa pensée ; dès qu'il essaie le badinage, l'expression le trahit. Il écrase en voulant égratigner. Il tenterait en vain de se faire léger, il faut absolument, qu'il y renonce.

Le marquis de C. lui faisait la partie belle en lui disant : Enfant, vous mettiez la royauté au-dessus de la liberté ; homme, vous reniez la foi de votre enfance, et vous donnez tort à la royauté contre la liberté ! Pour réfuter cette puérile accusation, il n'était pas nécessaire de marier Boufflers à Scarron, comme l'auteur des *Contemplations*. Une confession loyale, écrite d'un style simple et grave, valait mieux que toutes les railleries. M. Victor Hugo a pris un autre parti, et je crois qu'il s'est trompé. Il ne s'est pas aperçu qu'il amoindrissait la cause de la révolution en essayant de l'égayer. L'espièglerie n'était pas de mise. Mirabeau et Danton, encadrés dans un bon mot, feront toujours la grimace, et le plus sage est de parler d'un ton austère, quand on évoque les souvenirs tragiques du siècle dernier. L'enfant qui jouait sur les genoux du marquis de C. a maudit la liberté tant qu'il a ignoré l'histoire ; quand il a connu le passé, il a changé de foi. C'est là le thème que M. Victor Hugo avait à développer. Il n'y a pas au monde une meilleure cause, et j'aurais souhaité que la parole se maintînt toujours à la hauteur du sujet.

Je range dans la partie polémique une boutade un peu longue, que l'auteur nomme : *A propos d'Horace*. Est-ce vraiment une rancune sincère contre le régime du collège ? N'est-ce pas plutôt ce qu'on appelle dans l'université une matière d'amplification ? Je me prononcerais pour le dernier avis. Un écolier mis en retenue, condamné à copier quelques centaines de vers, lors même que la retenue et le pensum le privent d'un rendez-vous amoureux, n'interpelle pas Horace dans les termes imaginés par l'auteur des *Contemplations*. Horace était bon vivant, chacun le sait, amoureux du loisir, du cécube, du falerne et des belles filles ; mais en prenant pour vrai tout ce qu'il dit de lui-même, en admettant qu'il ne se calomnie jamais, j'ai peine à comprendre qu'un écolier lui adresse toutes les plaintes signées du nom de Victor Hugo. Les louanges qu'il lui donne ne prouvent pas qu'il l'ait souvent feuilleté. Le panégyrique est trop verbeux pour être sincère. Un tel maître veut être célébré avec plus de sobriété ; Que le futur chef d'école dise à l'amant de Néère et de Lalagé : En écrivant tes strophes passionnées, tu ne prévoyais pas qu'elles serviraient un jour à torturer la jeunesse, — je ne m'en étonne pas ; mais que dans son dépit, pour glorifier l'esprit nouveau, il se croie tenu de maudire et de flétrir ses maîtres comme un tas de cuistres et de faquins, qu'il leur prête les vices que Voltaire prêtait à l'abbé Desfontaines, c'est une faute de goût que je ne puis lui pardonner. De telles invectives ne seront jamais acceptées comme des arguments. Il n'y a pas de rancune qui justifie de pareilles accusations. Virgile et Horace sont pour bien des enfants un sujet d'ennui plutôt qu'un sujet d'enseignement. On pourrait sans doute présenter leur pensée sous une forme plus attrayante, et solliciter l'exercice de l'intelligence, au lieu d'encourager la mémoire sans tenir compte des autres facultés. Rien de plus vrai, de plus évident ; mais de quelque façon qu'on s'y prenne, on ne réussira jamais à rendre l'étude des langues mortes aussi séduisante, aussi facile que l'étude des langues vivantes. La lecture d'Homère et d'Eschyle, de Virgile et d'Horace sera toujours plus laborieuse que celle de Milton et de Shakspeare, de Schiller et de Goethe. L'idéal d'éducation proposé par l'auteur des *Contemplations* dans sa boutade *A propos d'Horace* ne ralliera pas de nombreux suffrages. L'intelligence de la nature, les promenades et les rêveries sous les ombrages silencieux, ne changeront pas les éléments dont toutes les langues sont faîtes. Ceux qui auront écouté la grande voix de la nature, comme on dit aujourd'hui, seront obligés, comme les esprits les plus vulgaires, d'étudier les déclinaisons, les conjugaisons et la syntaxe. Nécessité douloureuse, j'en conviens, mais il n'y a pas de railleries qui puissent supprimer cette nécessité. Ni prose ni alexandrins ne prévaudront contre l'obligation de commencer par le commencement. Pour lire Horace, il faut se résigner aux ennuis de la grammaire latine, comme, pour chanter le *Stabat* de Pergolèse, aux ennuis du solfège. C'est pourquoi je pense que l'auteur des *Contemplations* eût bien fait de garder en portefeuille, comme un péché de jeunesse, la boutade dont je parle, si toutefois ce péché n'appartient pas à son âge mûr. Amusante pour quelques amis, cette imprécation contre le collège demeure sans attrait pour le public.

J'ai dit que la partie philosophique des *Contemplations* mérite l'indulgence et le sourire. Il serait difficile en effet de prendre au sérieux les prétentions de M. Victor Hugo dans le domaine de la raison pure. Quand, au lieu de raconter ses émotions personnelles et de peindre ce qu'il a vu, il essaie d'expliquer l'origine du monde, la destination de l'homme, ses droits, ses devoirs, les châtiments attachés à chacune de ses fautes, il se laisse aller à des enfantillages qui ne manqueraient pas d'amuser, s'il eût pris soin de les traduire dans une langue plus claire. Malheureusement, dans les pièces qu'il nous donne pour l'expression de sa philosophie, l'obscurité de la forme s'ajoute à la puérilité de l'idée, et pour le suivre dans la région inconnue qu'il croit avoir découverte, un courage ordinaire ne suffit pas. On est arrêté à chaque page, presque à chaque ligne, par des comparaisons énigmatiques, par des images inattendues, dont le sens et la valeur ne sont pas faciles à démêler. Je choisis dans ce chaos la plus ténébreuse de toutes ses visions, *Ce que dit la bouche d'ombre*, que Milton n'eût sans doute pas baptisée du nom de ténèbres visibles, et je pense que l'analyse de cette pièce suffira pleinement à justifier mon jugement. Je ne veux pas chicaner le poète sur le début de son récit ; il n'appartient qu'aux géographes et aux marins de lui demander comment un cap, fût-ce même le cap de Rozel, peut s'arrondir en presqu'île. Je laisse de côté le lieu où Victor Hugo a recueilli les paroles de l'ombre, je m'en tiens aux révélations entendues sur le cap de Rozel. Or, je ne crains pas de le dire, l'Apocalypse, qui a mis en déroute une des plus fortes intelligences dont l'humanité s'honore, l'intelligence de Newton, l'Apocalypse est aussi limpide que l'eau de roche, si on la compare à ce que dit la bouche de l'ombre. La vision de Patmos, dans ses versets les plus caligineux, devient radieuse quand on l'interroge après avoir lu la vision cosmogonique de M. Victor Hugo. À l'époque où saint Jean écrivait son Apocalypse, toutes les sciences étaient à l'état d'enveloppement, c'est-à-dire de confusion. L'esprit humain n'avait pas encore compris la nécessité de diviser le monde pour l'étudier. Il ne faut donc pas s'étonner d'y rencontrer des idées que l'observation contredit. Aujourd'hui, quand l'astronomie, la physique et la chimie, la minéralogie, la botanique et la zoologie se partagent l'étude du monde, annoncer par la bouche de l'ombre que l'homme, en sortant des mains de Dieu, était impondérable, et que la première faute a créé la pesanteur, c'est une fantaisie qui n'a pas même d'excuse dans la Genèse de Moïse. Le sourire est la seule réfutation qu'on puisse opposer à de telles révélations. Mais acceptons l'impondérabilité originelle de l'homme, et voyons le parti que le poète en a tiré. Pythagore enseignait la transmigration des âmes, et défendait à ses disciples de manger la chair des animaux. M. Victor Hugo élargit la doctrine de Pythagore, et admet la transmigration des âmes dans les trois règnes de la nature, c'est-à-dire de l'homme à la pierre. Je n'ai pas besoin d'ajouter que cette doctrine, appliquée comme celle du philosophe grec, mènerait droit à la famine universelle en présence des plus riches moissons. Ce n'est là qu'un détail sans importance, dont le poète n'a pas dû se préoccuper. Ce qu'il faut noter, ce qui est à mes yeux la clé de cette composition étrange, sans précédent peut-être dans la littérature moderne, c'est que la doctrine pythagoricienne, ainsi élargie, devient un code pénal et châtie toutes les fautes, depuis les crimes de la royauté jusqu'aux délits les plus vulgaires. Je n'ai pas la prétention de croire que j'ai deviné le sens de toutes les énigmes accumulées parle visionnaire de Rozel. On se moquerait de moi, si je m'attribuais un tel privilège.

Gustave Planche

Ce serait en effet me déclarer d'emblée plus clairvoyant que les neuf dixièmes des lecteurs. Cependant la solution que je propose me paraît facile à justifier, et j'ai lieu de penser qu'elle est acceptée par tous ceux qui ont recueilli les révélations de la *bouche d'ombre*. Ou cette nouvelle apocalypse ne signifie rien, n'est qu'un jeu d'esprit, destiné à tourmenter les intelligences naïves, ou elle transforme la doctrine de Pythagore en code pénal Cette conclusion une fois admise, il reste encore bien des difficultés à surmonter. Les châtiments choisis par l'ombre initiatrice et acceptés par le poète initié sont parfois très mystérieux. Que l'âme de Verrès aille habiter le corps d'un loup, je ne m'en plains pas : c'est un hommage rendu à l'éloquence de Cicéron ; mais j'ai beau m'évertuer, je n'arrive pas à comprendre pourquoi l'âme d'une femme criminelle est condamnée à vivre dans le corps d'un cloporte.

J'ai lu et relu ce passage ténébreux sans réussir à en pénétrer le sens, et je crois que bien d'autres ont échoué dans cette courageuse tentative. Ici, la raillerie n'est pas de la sévérité, c'est bien plutôt de l'indulgence. Comment parler sérieusement de cette vision de Rozel ? La gravité du ton excite à bon droit l'étonnement de ceux-mêmes qui ont toujours écouté le poète avec une religieuse attention. De temps en temps l'ombre fait une pause, comme si elle doutait de l'intelligence de son auditeur, et l'invite à méditer ; puis elle poursuit sa révélation et renouvelle son premier conseil. Le poète, il faut lui rendre cette justice, ne hasarde aucune objection ; il écoute d'une oreille docile, il accueille d'un cœur soumis tous les enseignements de la bouche d'ombre. Qu'a-t-il appris ? que nous apprend-il ? C'est une question que nous avons le droit de poser. Si un homme de vingt ans imaginait une telle vision, on pourrait n'y voir qu'un exercice préliminaire, une lutte contre la rime destinée à préparer des travaux d'un ordre plus élevé ; mais que penser de cette composition, lorsqu'elle est signée par un poète parvenu à la maturité ? Il faut que l'auteur des *Contemplations* ait prêté à l'adulation de ses courtisans une oreille trop complaisante. C'est la seule manière d'expliquer l'origine de cette philosophie apocalyptique. Dans le monde où il vit, dans le monde qu'il a créé autour de lui une image équivaut à une pensée, une comparaison obtient la même autorité qu'une démonstration, une rime à laquelle personne n'avait encore songé monte au rang de théorème. La flatterie est si douce, si enivrante, qu'elle égare les plus fortes intelligences, et je ne serais pas étonné d'apprendre que les révélations de la bouche d'ombre passent, aux yeux de quelques adeptes, pour la première assise d'une philosophie nouvelle : innocente illusion, confiance touchante, que la discussion ne doit pas même effleurer ! Si le cap de Rozel, pour les disciples du poète, n'a pas moins de valeur que le cap Sunium, nous aurions mauvaise grâce à vouloir les détromper. Leur crédulité nous paraît sans danger pour le développement de l'intelligence humaine. Qu'un esprit vigoureux, habitué à vivre dans le domaine de l'imagination, n'ayant jamais cherché à connaître la réalité, encore moins à pénétrer la vérité pure, s'éveille un matin avec la fantaisie de dire aux philosophes : — Vous n'êtes que des enfants, je vais vous dire ce qu'il faut penser, ce qu'il faut croire ; vous pâlissez en vain sur les enseignements laissés par les générations qui nous ont précédés ; écoutez et méditez : je suis la lumière, vous êtes les ténèbres ; ma parole est un rayon tout-puissant ; inclinez-vous, et vos yeux vont se dessiller, et vous jouirez, comme moi, de la vérité pure ; — ce n'est pas pour nous un sujet d'étonnement. Plus d'une fois déjà les poètes ont eu de pareils caprices. Tout deviner, tout savoir, sans étude, sans effort, sans tâtonnements, est une grâce d'état qu'ils s'attribuent depuis longtemps. À quoi bon les troubler dans leur béatitude ? Quand j'essaie de réduire à des termes précis la vision de Rozel, ce n'est pas aux poètes que je m'adresse, car je sais d'avance qu'ils ne m'écouteront pas, qu'ils verront en moi un esprit inhabile à comprendre les sublimes révélations. C'est à l'humble foule des esprits vulgaires que ma parole est destinée. Eh bien ! dût-on me trouver singulier, je pense que la philosophie ne se devine pas plus que l'histoire. L'antiquité disait : On naît poète, on devient orateur. Qui donc pourrait dire aujourd'hui qu'on naît historien ou philosophe ? La connaissance du passé, l'intelligence des vérités éternelles ne se trouvent dans aucun berceau. Les plus heureux génies sont condamnés à l'étude, quand ils veulent raconter les événements accomplis ou exposer les relations de l'homme avec la Divinité. L'auteur des *Contemplations* est sans doute d'un autre avis, puisqu'il a recueilli et nous transmet *ce que dit la bouche d'ombre*. Il a cru que la philosophie était un don comme la poésie. Sa voix est depuis longtemps écoutée, il s'est donc mis à parler de cosmogonie, des châtiments et des récompenses au-delà de cette vie, sans hésiter un seul instant. Il est utile de dire au public la valeur de cet enseignement. Au point de vue philosophique, il n'y a rien à confirmer, rien à démentir. C'est une rêverie ou plutôt un rêve qui n'a rien à démêler avec la science, et dont la science ne doit pas tenir compte. Au point de vue poétique, la question change de face, et nous avons le droit de reprocher à l'auteur l'obscurité de sa parole. Platon disait : « Le beau est la splendeur du vrai. » Si la poésie, qui

Gustave Planche

se propose l'expression de la beauté, s'enveloppe de nuages, que devient la pensée de Platon ? Qu'elle parle par la bouche d'une ombre ou par la bouche d'un personnage humain, ses devoirs ne changent pas. Pour atteindre à la splendeur, il ne faut pas négliger la clarté. Or la vision du cap Rozel n'est claire pour personne, et si j'ai tenté de l'expliquer, c'est après avoir déclaré que je n'espérais pas en dissiper toutes les ténèbres.

M. Victor Hugo, sans doute pour donner plus de variété à son nouveau recueil, a semé çà et la quelques souvenirs de jeunesse qui ne s'accordent guère avec le ton général des *Contemplations*, et dont le caractère égrillard étonne tous ceux qui ont suivi le développement de sa pensée depuis trente-quatre ans. Il y a dans les *Confessions* de Jean-Jacques Rousseau un épisode charmant que personne n'a oublié, que Camille Roqueplan a retracé dans un tableau plein de grâce, l'épisode des cerises cueillies par les demoiselles Graffenried. Dans ce récit, le mélange de la gaucherie et de la sensualité marque très bien l'âge et la nature de l'auteur. M. Victor Hugo a raconté une aventure du même genre ; mais quelle différence dans les deux narrations ! Comme le fils de l'horloger de Genève, il reçoit les cerises cueillies par une jeune fille, et, au lieu de s'en tenir au tableau de la réalité, il invoque Virgile, et semble regretter que l'auteur des *Géorgiques* ne lui ait pas transmis ses pinceaux par héritage. Dans un pareil récit, le nom de Virgile produit l'effet d'une note fausse. Le nom qui se présente naturellement, c'est celui de Parny ou de Bertin, et le plus sage était, je crois, de n'invoquer personne. Le nom de Virgile effacé, nous aurions une peinture qui ne serait pas sans attrait, mais qui ferait encore tache dans le nouveau livre de M. Victor Hugo. Certains souvenirs, qui semblent naturellement amenés sur les lèvres d'un homme encore jeune, excitent la surprise lorsqu'ils sont retracés par un homme arrivé à la maturité. Or il n'y a pas un lecteur qui ne sache l'âge de l'auteur, et la cueillette des cerises aurait eu meilleure grâce, racontée par lui vingt ans plus tôt. Ce n'est pas ici une question de pruderie, mais une question d'opportunité.

La pièce adressée à André Chénier, amusante pour ceux qui aiment l'esprit et n'attachent pas grande importance à la raison, étonnerait peut-être l'auteur de *la Jeune Captive*, Les conseils donnés au poète de notre temps par « un bouvreuil qui faisait le feuilleton du bois » ne sont pas précisément d'accord avec les doctrines et les œuvres que M. Victor Hugo appelle en témoignage. André Chénier n'avait jamais rêvé l'alliance de Rabelais et de Dante. S'il est parfois utile, souvent nécessaire, de passer du ton grave au ton familier, *la Divine*

18

Comédie et *Pantagruel* ne pourront jamais inspirer une composition harmonieuse. Dante et Rabelais n'appartiennent pas à la même famille, et toutes les fois qu'on essaiera de les concilier, on ne produira que des œuvres bizarres, sans grandeur et sans gaieté. Ce n'est pas ainsi que procédait André Chénier. S'il a plus d'une fois emprunté à Régnier la familiarité de son langage, il n'a jamais oublié l'unité morale dans ses compositions, et j'ai tout lieu de croire qu'il n'eût pas approuvé les conseils du bouvreuil.

La Coccinelle serait un charmant enfantillage, si le récit ne se terminait par un jeu de mots qui dépassé les bornes de la puérilité. Saisir sur le cou d'une jeune fille un insecte qui l'effraie et oublier de poser ses lèvres sur son cou, jusque-là tout demeure dans le domaine poétique ; mais ajouter que si la bête est de Dieu, la bêtise est à l'homme, c'est un jeu de mots que la prose n'accepterait pas, et que la rime ne peut excuser. Dans une autre pièce, quand les fleurs, les buissons et les oiseaux, en voyant le rêveur, c'est le nom que le poète se donne lui-même, s'effarouchent de sa venue, et qu'un oiseau plus savant que ses compagnons dit à son voisin : « Es-tu bête ? il est de la maison, » la surprise du lecteur est mêlée de dépit. M. Victor Hugo, qui a souvent exprimé des pensées très élevées dans une langue sublime, agirait prudemment en renonçant aux jeux de mots. Quand il veut se montrer spirituel, il lui arrive bien rarement de toucher le but. Il a trop souvent renouvelé cette épreuve pour que ses plus fervents admirateurs conservent aucun doute à cet égard. Railler n'est pas son fait, à moins qu'il ne s'élève jusqu'à l'ironie.

Placées dans un autre livre, les pièces dont je viens de parler n'étonneraient personne, et ne soulèveraient aucune discussion ; les défauts que je signale passeraient presque inaperçus. Placées dans *les Contemplations*, elles ne peuvent être accueillies avec la même indulgence. On se demande en effet pourquoi le poète, qui les a écrites dans ses jours de jeunesse et de loisir, les rassemble aujourd'hui. Les bagatelles de l'adolescence plaisent encore dans la virilité : quand la première moitié de la vie est déjà franchie, elles n'ont plus le même attrait. Chaque chose a son temps. Les baisers dérobés, les promenades mystérieuses sous les chênes séculaires, les serrements de main, les aveux échangés, les victoires offertes par la passion à l'ingénuité, tous ces thèmes charmants demandent un poète dont le front n'ait pas de rides. Dès que les tempes se dépouillent, dès que les cheveux grisonnent, bon gré mal gré il faut absolument renoncer à ces divins souvenirs. En dédaignant les conseils du temps, on s'expose à des jugements sévères. À Dieu ne plaise que j'invite

Gustave Planche

l'auteur des *Contemplations* à ne plus parler des premières années de sa vie ! Jamais une telle pensée ne m'est venue. C'est aux premières années de sa vie que nous devons les plus belles pages des *Feuilles d'Automne* ; mais dans ce recueil je ne trouve pas une pièce dont le ton rappelle Parny et Bertin. Les souvenirs d'enfance sont racontés tantôt sous une forme gracieuse, tantôt sous une forme grave, et jamais le goût n'est blessé par une note discordante. Qu'il y a loin de la Pepita des *Feuillantines* à la cueillette des cerises placée sous le patronage de Virgile ! Ce rapprochement suffit pour marquer à quel point l'auteur des *Contemplations* s'est trompé en disant à cinquante-quatre ans ce qu'il n'avait pas dit à trente ans. En pleine virilité, il voyait dans l'amour la source du bonheur domestique ; il ne le séparait pas des joies, des douleurs et des devoirs de la famille. Je conçois très bien que le poète prenne pour sujet de ses compositions la passion libre, indépendante, affranchie de tout frein : en dehors de la famille, il y a des émotions, des angoisses, des extases dont l'imagination peut tirer parti ; mais parler d'amour comme l'amant d'Éléonore, c'est tourner le dos à la poésie. Comment l'auteur des *Contemplations* est-il arrivé à mériter un tel reproche ? comment a-t-il pu croire que des vers bien faits, des rimes habilement assorties dissimuleraient le caractère de ses souvenirs, et obtiendraient grâce pour la sensualité de ses pensées ? Si les amis qui le visitent ont négligé de lui dire la vérité, ils ont manqué au premier devoir de l'amitié, à la franchise. Les périodes les plus harmonieuses, les images les plus éclatantes ne réussiront jamais à faire d'une robe relevée, d'un corset entr'ouvert une chose poétique dans le sens le plus élevé du mot. Désirer sans aimer est un accident vulgaire, et cet accident ne relève pas de la poésie. Dès que le cœur n'est pas associé au trouble des sens, l'imagination doit renoncer à retracer un tel souvenir, ou si elle tente la peinture d'un tel épisode, il faut qu'elle prenne résolument les couleurs de Tibulle, de Properce et de Catulle, qu'elle se soumette aux conditions acceptées par la muse païenne, qu'elle peigne hardiment l'amour sensuel, et n'essaie pas de donner le change. Cinthie, Lesbie et Délie ne peuvent inspirer une passion profonde ; mais elles séduisent tous les yeux par leur jeunesse, par leur beauté. Si elles n'éveillent aucun sentiment dans le cœur, elles enflamment les sens, et leurs amans trouvent pour les célébrer des paroles ardentes. La cueillette des cerises racontée par l'auteur des *Contemplations* n'a rien de commun avec les élégies brûlantes de Tibulle et de Properce. C'est le désir moins l'ardeur ; aussi le poète ne réussit pas à émouvoir.

J'aurais passé sous silence les objections que je viens de présenter, si toutes les fautes d'un esprit éminent ne devaient être signalées. N'oublions pas que M. Victor Hugo est chef d'école. Quand il se trompe, ses disciples empressés ne manquent jamais de doubler, de tripler l'erreur qu'il a commise. C'en est assez pour justifier la vigilance et la sévérité des esprits moins dociles qui voient en lui un des représentons les plus glorieux, un des interprètes les plus habiles de l'imagination française, sans pourtant ajouter foi à son infaillibilité. S'il n'avait pas conquis par son talent une autorité évidente pour les plus incrédules, nous aurions pu, dans l'examen des *Contemplations*, négliger les pièces qui chatouillent les sens et ne peuvent se comparer aux compositions païennes, qui mettent le désir à la place de la passion sans exprimer une véritable ardeur ; mais il s'agit d'un maître qui a rangé sous sa discipline une foule nombreuse et dévouée. Si, lorsqu'il se trompe, personne ne lui dît qu'il s'est trompé, bien d'autres après lui s'engageront dans la même voie. Si la puérilité de *la Coccinelle* n'est pas relevée, nous verrons bientôt la libellule célébrée en strophes amoureuses, répondant à son panégyriste aussi finement que la coccinelle. L'auteur des *Contemplations* exerce une action trop puissante sur les jeunes imaginations pour que nous hésitions à dire toute notre pensée, lorsqu'il nous paraît se fourvoyer. Il y a d'ailleurs dans son nouveau livre assez de pages à louer pour nous dispenser de toute réticence. Il a trouvé pour l'expression de la tendresse paternelle des accents qui retentiront dans tous les cœurs.

Les affections de famille ont inspiré le poète plus heureusement que la polémique et la philosophie. Une fois revenu sur ce terrain, où il avait trouvé *les Feuilles d'Automne*, il a repris toute la vigueur, toute la franchise, toute la spontanéité de son talent. Pour tous ceux qui ont salué le premier épanouissement de son génie, c'est un bonheur d'entendre la voix qui les a charmés il y a vingt-quatre ans. Quand il chante les joies et les douleurs du foyer, les vers abondent sur ses lèvres, les images se pressent et s'ordonnent d'elles-mêmes. Dans les hymnes qui s'échappent de sa bouche, il n'y a pas une ligne qui trahisse l'effort de la pensée. La poésie ainsi conçue est un perpétuel enchantement, et la louange ne coûte rien aux esprits les plus sévères. On écoute, on applaudit, on suit d'une oreille attentive tous les développements d'un sentiment vrai. Pourquoi le poète, qui avait rencontré en 1832 une mine si profonde et si riche, ne l'a-t-il pas fouillée sans relâche, au lieu d'explorer des terres inconnues ? C'est la question que s'adressent les amis sincères de cette puissante imagination, qui auraient voulu la voir demeurer dans le domaine de l'émotion et demander aux cœurs attendris les succès qu'elle a demandés aux esprits étonnés.

Une des plus charmantes pièces du nouveau recueil raconte les visites matinales de la fille aînée du poète. L'ange bien-aimé qu'il a perdu si malheureusement, il y a quelques années, venait chaque jour dans sa chambre avant qu'il ne fût levé. Beauté de visage, vivacité d'intelligence, curiosité de tous les instants, rien ne lui manquait. Elle s'asseyait sur son lit, et, après l'avoir comblé de caresses, elle jouait avec ses papiers. Un de ses plus chers caprices était de toucher aux plumes, de tacher d'encre ses doigts roses, de griffonner des lettres impossibles, de barbouiller des figures étranges, et le père bienheureux la laissait faire, et suivait d'un œil radieux tous les griffonnages de sa chère enfant. Aujourd'hui que Dieu l'a rappelée, il se souvient avec amertume de tous ces détails familiers ; il console sa douleur en les retraçant avec une fidélité minutieuse. Dans ce récit attendrissant, il n'y a pas une ligne à retrancher. Tous les mots portent coup, toutes les images sont amenées naturellement et choisies avec un goût délicat. Je noterai un trait d'une pureté ravissante : le père en quête de la gloire, déjà enivré par les applaudissements de la foule, se rappelle qu'il a écrit ses plus beaux vers sur les pages griffonnées par sa fille. Je ne sais rien dans *les Feuilles d'Automne* de plus heureux, de plus vrai, de mieux dit. Tout ce petit tableau est composé avec une exquise habileté. Le babil de l'enfant, son irrévérence pour les poèmes ébauchés, son rire sonore, ses jeux téméraires au milieu des papiers qu'elle ne sait pas encore épeler, les questions qu'elle multiplie, et dont elle essaie de deviner la solution en se penchant sur les yeux de son père, tout est indiqué avec une mesure qui ne laisse rien à désirer ; rien de trop, pas une parole oiseuse. Il y a plaisir à parler de telles œuvres ; on peut les vanter en toute sécurité, on est sûr de ne jamais regretter son approbation. Simplicité, naïveté, deux sources d'émotion où la poésie contemporaine puise trop rarement. Aussi ne faut-il pas se faire prier pour louer sans réserve les esprits bien avisés qui vont tremper leurs lèvres à ces sources fécondes.

Une autre pièce, qui se rapporte encore à l'enfance de la fille aînée, ne mérite pas de moindres éloges. Ce n'est plus une enfant, ce n'est pas une jeune fille, elle a dix ans. Elle accompagne son père dans ses promenades à la campagne, elle cueille des fleurs, elle bondit dans les prés comme un chevreau, et quand elle a composé son bouquet de bleuets et de coquelicots, elle revient toute fière, et sans savoir le nom des fleurs qu'elle rapporte. Elle écoute le chant des oiseaux et court après les papillons. Elle ne s'arrête pas un instant, et d'une voix argentine elle interroge le père bienheureux, qui ne sait comment contenter sa curiosité, tant elle demande de choses à la fois. Pour peindre ce bonheur sans mélange, cette joie enivrante, M. Victor Hugo a trouvé des vers qui sont sortis du cœur, et que le cœur seul peut juger. De telles délices, racontées dans une langue harmonieuse, sont des trésors sans prix pour les lecteurs qui préfèrent une larme vraie, un souvenir sincère, aux plus savantes combinaisons, et je gâterais cet admirable récit en essayant de l'analyser. L'image radieuse de cette promenade dans les prés est de celles qui ne s'effacent pas. La nuit vient, les derniers rayons du soleil couchant dorent l'horizon. Le père ramène sa fille à la maison, il trouve ses enfants groupés sur le perron près de leur mère, et la journée s'achève dans l'orgueil et dans la joie. La fille aînée, que le poète pleure aujourd'hui, parle de ses frères et de ses sœurs avec un accent de protection qui ne s'invente pas, et qu'il faut avoir entendu pour tenter de le reproduire. Quand elle croit son père endormi, elle monte l'escalier à pas de loup, et si elle le trouve à demi éveillé, elle veut renvoyer les enfants qui font trop de bruit sous sa fenêtre et l'empêchent de se rendormir. Elle se donne avec eux des airs maternels. M. Victor Hugo, en feuilletant le livre de sa jeunesse, a retrouvé tous ses jours de bonheur ; il les a transcrits d'une main fidèle, et je crois pouvoir affirmer qu'il n'a rien ajouté à ses souvenirs. Si jamais scène fut dessinée d'après nature, c'est à coup sûr celle que je viens d'indiquer. Ici l'art disparaît et la tendresse parle seule, ou plutôt c'est l'art suprême, celui qui s'efface, que les yeux les plus clairvoyants ne réussissent pas à deviner, et qui témoigne, par sa discrétion même, toute l'étendue de sa puissance. Il y a dans l'affection paternelle bien des enfantillages ; mais lorsque la poésie s'empare de cette donnée et la traite simplement, elle ne peut manquer d'éveiller dans toutes les âmes des souvenirs joyeux ou de cruels regrets, et M. Victor Hugo, en retraçant l'enfance de sa fille aînée, a prouvé une fois de plus que la famille offre à l'imagination des thèmes aussi nombreux, aussi riches que la passion la plus ardente. La lecture de ces pages rajeunit l'intelligence et lui fait oublier toutes les questions d'école. En présence de l'émotion, tous les systèmes s'évanouissent. Quelques principes que l'on défende, on les oublie volontiers, quand on est attendri. Il y a dans le sourire d'un enfant tant de charme et de grâce, que le poète a gagné sa cause dès qu'il en trace l'image en vers fidèles et naïfs.

Les poignantes élégies inspirées à M. Victor Hugo par la mort de sa fille n'ont pas à mon sens la même valeur que les souvenirs dont je viens de parler ; mais avant d'aborder l'examen de ces élégies, je suis heureux de louer sans réserve une pièce qui appartient au même

Gustave Planche

ordre d'idées, quoiqu'elle ne rappelle pas à la mémoire un deuil de famille. *Le Revenant* est un tableau touchant, que les femmes jugeront mieux que nous, et qui s'adresse aux sentiments les plus délicats. Pour raconter dignement cette douleur et cette consolation, il faudrait parler une langue faite de larmes et de caresses. Une mère a perdu son enfant, un enfant qu'elle avait nourri de son lait, beau, vermeil, radieux, le rêve de toutes ses nuits, la joie de toutes ses journées. Dieu lui a retiré le trésor qu'il lui avait donné. Sa raison s'égare, sa douleur s'exalte jusqu'à la folie. Jeune encore, elle devient mère une seconde fois. En voyant le nouveau-né, elle est prise d'une étrange terreur, d'une aversion mystérieuse pour le fruit de ses entrailles qu'elle devrait bénir. Elle se dit qu'elle ne peut l'aimer sans affliger l'enfant qui dort dans le cercueil. Elle n'a qu'une pensée dont aucune voix ne peut la détourner ; ni caresses ni prières ne calment sa raison. Si j'aimais celui que Dieu m'envoie que dirait celui que j'ai perdu ? Il serait jaloux, et pour ne pas irriter le mort, elle repousse le vivant. Mais Dieu, qui l'avait si sévèrement éprouvée, lui envoie une vision consolante. Une voix mystérieuse, qu'elle peut seule entendre, lui dit à l'oreille : Ne pleure pas. C'est moi que tu croyais avoir perdu, moi qui suis revenu. Les anges qui m'avaient emmené au ciel m'ont ramené sur la terre pour sécher tes larmes. Et la mère, docile à cette voix, retrouve son bonheur tout, entier : elle n'a pas perdu son premier enfant, Dieu ne voudrait pas la tromper, et d'où viendraient les paroles qu'elle a entendues, si elles ne venaient de Dieu ? Il y a dans *les Orientales* une pièce dont je n'entends pas contester la valeur et qui jouit d'une grande popularité, *les Fantômes*, où le poète a retracé la mort d'une jeune fille au sortir du bal. Je mets *le Revenant* au-dessus des *Fantômes*, et voici pourquoi. *Les Fantômes* se recommandent par l'abondance et l'éclat des images, mais le poète ne laisse rien à deviner ; il exprime en son nom tous les sentiments qu'il éveille. Dans *le Revenant*, il procède autrement, et je l'en remercie. Il dessine, il indique il n'achève pas. La sobriété de la parole ajoute à l'intérêt du récit. Le lecteur achève ce que le poète a commencé. Et quand je parle ainsi, je ne veux pas dire que cette pièce soit une ébauche ; mon intention est de marquer l'intervalle qui sépare une pensée révélée dans une langue à la fois concise et harmonieuse — d'une pensée développée dans une langue sonore et prodigue. Dans *le Revenant*, tout n'est pas dit ; le poète sous entend une partie de ce qu'il pourrait dire ; dans *les Fantômes* il ne s'arrête pas toujours à temps, et gâte parfois ses plus belles strophes par une strophe inutile.

Dans l'expression de sa douleur, M. Victor Hugo n'est pas aussi heureux que dans l'expression de sa joie ; il vise trop haut et touche rarement le but. Pour tout dire en un mot, il abuse de l'infini. La dernière pièce de son recueil : *A celle qui est restée en France*, prouve surabondamment ce que j'avance. Je ne veux, je ne dois parler de cette composition qu'avec une extrême réserve. Les larmes d'un père désespéré, qui a perdu son plus cher trésor, n'appartiennent, pas à la discussion ; ce serait les profaner que de les compter. Cependant on me permettra de blâmer le mélange perpétuel des images matérielles et des idées empruntées au spiritualisme chrétien. Quand le poète, en souvenir d'un usage pieux, veut couvrir ses cheveux, de poussière, il vaudrait mieux pour lui ramasser la poussière du chemin que de s'adresser au ciel pour lui demander de la poussière d'étoiles ! De telles métaphores n'agrandissent pas la tristesse, et surprennent sans émouvoir. Que la pensée du ciel se mêle à nos douleurs, que l'espérance de la résurrection, l'idée d'une réunion future, nous consolent et nous raffermissent dans l'épreuve, c'est une donnée que la poésie peut développer ; mais l'image que je viens de rappeler n'a rien de chrétien, et n'éveille dans l'âme aucun écho. La pièce dressée à Charles Jacquerie, qui est mort en voulant sauver la fille du poète, serait plus touchante à coup sûr, si M. Victor Hugo eût exprimé sa pensée avec plus de simplicité. Le début de la première strophe, répété dans les strophes suivantes, donne à cette élégie quelque chose de pompeux, qui ne s'accorde pas avec le souvenir de la morte. — Il ne sera pas dit que je n'aurai pas honoré l'on courageux dévouement, — voilà le thème que le poète a choisi. Ne valait-il pas mieux supprimer cet exorde et raconter les efforts désespérés du hardi nageur luttant contre les flots pour sauver sa compagne bien-aimée ? Je n'insiste pas, car je craindrais de blesser le goût en essayant de le défendre. Les principes les plus vrais, les plus évidents, ne peuvent être invoqués en pareille occasion. Les questions d'habileté disparaissent devant l'immensité de la douleur. J'aime mieux louer la pièce qui raconte le bonheur du poète à Villequier, entre sa fille et son fils d'adoption. Là tout est spontané, rapide, persuasif ; l'amour conjugal s'embellit de la splendeur de la nature, et la nature elle-même emprunte à cet amour une splendeur nouvelle. Les forêts prêtent leur ombrage aux entretiens mystérieux ; les oiseaux témoins des mutuels épanchements, des chastes baisers, s'associent par leur gazouillement à la joie des jeunes époux. Jamais le poète n'a mieux dit ce qu'il voulait dire, jamais il n'a mieux compris où commence, où finit le domaine de l'imagination. Pas une couleur crue, pas un ton criard. Toutes les strophes sont appelées l'une par l'autre, et s'enchaînent dans un chœur harmonieux. J'ai lu et relu cette pièce, et je me demandais à chaque page comment l'auteur de ce tableau si émouvant et si pur avait pu recueillir *ce que dit la bouche d'ombre*. On dirait que ces deux pièces si diverses n'appartiennent pas à la même intelligence ; mais le souvenir d'une conception énigmatique ne doit pas arrêter sur nos lèvres la louange appelée par une conception radieuse.

Les Contemplations marquent-elles un progrès dans la carrière lyrique de M. Victor Hugo ? C'est là une question que nous ne pouvons éviter, à laquelle nous répondrons sans embarras. Toutes les pages consacrées aux affections de famille peuvent se comparer aux meilleures pages signées de son nom depuis trente-quatre ans. Il n'y a rien dans *les Feuilles d'automne* qui s'élève au-dessus du *Revenant* et de *Villequier*. À l'âge de cinquante-quatre ans, l'auteur a gardé toute la vigueur, toute la franchise d'expression qui nous émerveillaient en 1832. Dans le domaine de la vraie poésie, je veux dire dans le domaine du sentiment et de la rêverie, il ne s'est pas montré supérieur à lui-même, mais il n'a pas fléchi, et cet éloge, répété par des milliers de bouches, est une gloire assez belle pour contenter son ambition. J'ai dit ce que je pense de la partie philosophique du nouveau recueil, et je crois avoir justifié mon opinion. La partie polémique est un hors-d'œuvre. Toutes ces prémisses préparent une conclusion que chacun a pressentie : pour faire des *Contemplations* un livre que les femmes liraient et reliraient avec délices, que les hommes de goût étudieraient avec admiration, il faudrait les émonder, comme un taillis trop touffu. À cette condition, *les Contemplations* deviendraient, pour la génération présente et pour les générations prochaines, une des œuvres les plus intéressantes de la poésie moderne. Quelles branches faudrait-il couper pour rendre à la sève toute son énergie ? Je ne voudrais pas prendre sur moi de le dire, mon goût pourrait ne pas s'accorder avec le goût des lecteurs. Cependant je pense que les moins exigeants demanderaient le sacrifice d'un tiers. Le poète s'y résignerait-il ? embrasse-t-il dans une même affection tous les fruits de sa pensée ? renoncerait-il sans regret à ses ébauches philosophiques ? Ces questions ne sont pas de ma compétence et dépassent ma pénétration. Je me contente de les poser ; mais ceux qui aiment le talent de M. Victor Hugo, ceux qui l'admirent, ceux qui recueillent avidement chacune de ses paroles et voient en lui un des maîtres les plus habiles de l'art contemporain, doivent souhaiter que notre vœu s'accomplisse. Si l'on retranchait des *Contemplations* toutes les pages qui ne relèvent ni de l'émotion ni de la rêverie, la puissance de cette nature privilégiée se révélerait dans toute sa splendeur. Les pages dont je demande le sacrifice sont à la poésie ce que la brume est à la lumière. Le poëte n'a qu'un mot à dire, et la brume se dissipera. Nous jouirons librement de sa pensée, les images éclatantes, qu'il choisit avec tant de bonheur, arriveront jusqu'à nos yeux dans toute leur pureté. Ce n'est pas un conseil qu'il s'agit de suivre, c'est une prière qu'il s'agit d'exaucer. Dire à l'auteur des *Contemplations* que toutes les pages de son nouveau recueil ont la même valeur, offrent le même intérêt, qu'il n'en faut pas retrancher une seule, c'est le moyen le plus sûr d'entamer l'autorité de son nom. Ceux qui éprouvent pour lui une sympathie sincère ne peuvent hésiter. Il est assez riche pour sacrifier quelques milliers de vers : en se rendant au vœu de ses meilleurs amis, il n'a pas à redouter l'indigence.

En lisant les dernières paroles que je viens d'écrire, j'espère que le lecteur ne se méprendra pas sur mes intentions. On m'accusait ces jours derniers d'insulter Pindare en exil ; je ne veux pas descendre jusqu'à repousser une telle injure. Je parle de M. Victor Hugo avec la déférence qu'il mérite, mais en même temps avec la franchise qui est due aux forts. Que les faibles demandent l'indulgence comme un encouragement, à la bonne heure. Quant à ceux qui ont conquis depuis longtemps une légitime renommée, ils ne peuvent réclamer que la vérité, et doivent l'accepter tout entière. Si la flatterie donne à ma franchise le nom d'envie, je ne m'en inquiéterai pas. Si je prends la plume, c'est pour exprimer ma pensée, et non pour la déguiser. Que cette habitude passe aux yeux de bien des gens pour une singularité de mauvais goût, je le conçois ; qu'ils me permettent de n'y pas renoncer. J'aurais pu, après avoir lu *les Contemplations*, ne rien dire des pages que je désapprouve et louer celles que j'aime, laisser croire que j'admire tout sans restriction, sans exception, dans ce livre qui nous vient de l'exil : sans doute mon silence sur les pages qui me déplaisent aurait rallié de nombreux suffrages. Il m'a semblé qu'une telle conduite manquait de dignité, qu'il valait mieux dire toute ma pensée, que c'était la meilleure manière d'honorer le poëte. Me suis-je trompé ?

La première fois que j'ai parlé de M. Victor Hugo, j'étais animé des mêmes sentiments qu'aujourd'hui. Je soumettais ses conceptions à l'épreuve de l'histoire et de la philosophie. Je marche dans la route que j'ai choisie, et je crois que cette route est la bonne. Les colères que j'ai soulevées ne changent pas les termes de la question. Il y a dans la recherche de la vérité, dans l'expression des sentiments qu'un livre éveille dans notre âme, un attrait que les reproches les plus injustes ne peuvent abolir.

Je ne demande pas au lecteur d'accepter mes jugements comme la vérité même. Pourvu qu'il ne doute pas de ma sincérité, mes vœux ne vont pas au-delà. Il y aurait peut-être plus d'habileté à flatter les grandes renommées : je le crois volontiers ; mais je ne comprends pas la dignité sans la franchise, et c'est là tout le secret de ma conduite. Je n'ai pas grand mérite à faire ce que je fais. Ce qu'on nomme chez moi singularité, amour du scandale, n'est qu'un entraînement auquel je m'abandonne, et que j'ai de bonne heure renoncé à combattre. La franchise ne me coûte rien ; le mensonge, l'adulation me brûleraient la bouche. Sans les attaques auxquelles je suis en butte, je n'aurais jamais songé à entretenir le public de la position que j'ai prise dans la discussion littéraire, et j'espère qu'il ne verra pas dans ma défense une preuve d'orgueil. Je ne dois parler qu'avec modestie du travers qu'on me reproche, et que je n'élève pas au rang de vertu.

ISBN : 978-1547030224

Made in the USA
Coppell, TX
03 February 2020

15326853R00017